D'APRÈS

JIM DAVIS

GARFIELD & Cie

6. Maman Garfield

DARGAUD

PARIS • BARCELONE • BRUXELLES • LAUSANNE • LONDRES • MONTREAL • NEW YORK • STUTTGART

PEFC-Certifié
Ce livre est issu de forêts gérées durablement, de sources recyclées et contrôlées.
PEFC
PEFC/07-31-241 www.pefc.org

Garfield & Cie
Une production DARGAUD MEDIA
en association avec France3,
avec la participation du
Centre National de la Cinématographie,
et avec le soutien de la Région Ile-de-France.

Une série développée par
Philippe Vidal, Robert Réa & Stève Balissat.

D'après les personnages créés par Jim Davis.
Albums publiés chez Dargaud.

Histoires originales de Mark Evanier (*Maman Garfield*),
Julien Magnat (*Odie Garou*),
Philippe Vidal & Mark Evanier (*Chaperon jaune*).

Adaptation : Cédric Michiels

www.garfield-et-cie.com
www.bandgee.com
www.dargaud.com

PREMIÈRE ÉDITION EN 2011

« Loi n°49-956 du 16 juillet 1949
sur les publications destinées à la jeunesse. »
Dépôt légal : mars 2013 • ISBN 978-2205-06736-1
Imprimé et relié en Belgique par Proost

GARFIELD & Cie
MAMAN GARFIELD
BLENG
BLENG
BLENG
SALUT, HARRY ! QU'EST-CE QUE TU CHERCHES ?
SALUT, GARFIELD !
JE CHERCHE DES RESTES À MANGER !
AVEC JON, IL N'Y A JAMAIS DE... RESTES.
OH, REGARDE ! UN BON PETIT OISEAU BIEN DODU.

JE N'AI JAMAIS CHASSÉ D'OISEAUX.
TROP DE BOULOT, TROP DE PLUMES, ET PAS ASSEZ À MANGER.
DANS CE CAS, JE VAIS EN PROFITER ! IL A L'AIR APPÉTISSANT, MIAM-MIAM !
TCHIP
PETIT PETIT, ME VOILÀ !
TCHIP
BLAF
AÏEUU !
MOI AUSSI JE VAIS CHASSER LES OISEAUX ! ÇA A L'AIR SYMPA.
C'EST MÊME NORMAL POUR UN CHAT !
TCHIP

HÉ HÉ HÉ !
TCHIP
GRRRRRRRR
BUNK
TCHIP
TCHIP
MINCE ! IL VOLE VERS LE JARDIN DES VOISINS !
MAIS IL NE M'ÉCHAPPERA PAS !

TCHIP
TCHIP
TCHIP
TCHIP
VRRRR
BLAM
TCHIP ?
TCHIP
TCHIP
TCHIP
J'AI RENTRÉ LE BARBECUE DANS LE GARAGE, MURIEL !
TCHIP
TCHIP

JE FINIRAI BIEN PAR L'AVOIR !
JE VAIS TOUT SIMPLEMENT ATTENDRE QUE CETTE MAMAN OISEAU REVIENNE. ET LÀ, JE L'ATTRAPERAI !
IL SUFFIT D'ÊTRE PATIENT.
...
ÇA DEVIENT LONG !
QU'EST-CE QU'ELLE FAIT CETTE MAMAN ?
ET ELLE LAISSE SES OEUFS SANS SURVEILLANCE !
BRRRRR ! IL FAIT FROID !
JE REVIENDRAI DEMAIN.

SALUT, GARFIELD !
ON REGARDE UN DOCUMENTAIRE PASSIONNANT SUR LES OISEAUX .
... LA MÉSANGE FEMELLE POND ENTRE DEUX ET CINQ OEUFS...
... LA MAMAN COUVE LES OEUFS POUR LES MAINTENIR AU CHAUD... DURANT ENVIRON DEUX SEMAINES.
SI LA MÈRE NE MAINTIENT PAS LES OEUFS À UNE CERTAINE TEMPÉRATURE, ILS SONT PERDUS.
PERDUS ?!!
ÇA NE VA PAS DU TOUT !
LA MAMAN N'EST TOUJOURS PAS LÀ !
JE VAIS VOUS TENIR AU CHAUD.
MAIS C'EST JUSTE LE TEMPS QUE VOTRE MAMAN REVIENNE.

ZZZZZ
ZZZZZZZ
ZZZZZZZ
CRAC
??!
CRAC
CRIC
CRAC
CRAC
ILS ONT ÉCLOS !
CE QU'ILS SONT MIGNONS !
MAMAN ! MAMAN !
MAMAN ! MAMAN !
MAMAN ! MAMAN ! MAMAN !
??!

NON, NON, JE NE SUIS PAS VOTRE MAMAN !
MAIS ELLE VA REVENIR S'OCCUPER DE VOUS !
NE BOUGEZ PAS D'ICI !
ET NE ME REGARDEZ PAS COMME ÇA. JE N'Y CONNAIS RIEN, MOI, EN OISILLONS.
ÇA NE ME PLAÎT PAS D'ABANDONNER CES PETITS...
J'ESPÈRE QU'IL NE VA RIEN LEUR ARRIV...
??!
HARRY !
HÉ HÉ HÉ MIAM !
NOOOONNN !

DONNE-MOI CES OISEAUX !
NON ! C'EST MOI QUI LES AI TROUVÉS !
ZIP
C'EST MON REPAS ! RENDS-MOI ÇA TOUT DE SUITE !
TENEZ BON MES BÉBÉS CHÉRIS !
TU NE M'ÉCHAPPERAS PAS, GARFIELD ! JE COURS PLUS VITE ET JE SUIS PLUS FORT !
IL A RAISON !
VITE ! UNE CACHETTE !
CLAP
?

HIN HIN !
TU ES COINCÉ !
DONNE-LES-MOI !
AAAH..
ENFIN LE
DÉJEUNER !
NON !
NE LEUR FAIS
PAS DE MAL !
TAC
AÏE !
TAC
AÏE !
OUILLE !
JE NE MANGERAI PLUS
D'OISEAUX DE TOUTE
MA VIE ! PLUS JAMAIS !

MAMAN ! MAMAN ! MAMAN !
MAMAN ! MAMAN !
MAMAN ! MAMAN !
NON, NON ! JE NE SUIS PAS VOTRE MAMAN, JE SUIS UN AMI.
VOTRE MAMAN… C'EST ELLE.
TCHIP
MAMAN ! MAMAN !
MAMAN ! MAMAN !
MAMAN ! MAMAN !
TCHIP
SALUT, LES PETITS ! ET À BIENTÔT !
BON, D'ACCORD. J'AI SAUVÉ DES OISEAUX.
JE SAIS, CE N'EST PAS NORMAL POUR UN CHAT.
MAIS CHUUUT ! ÇA RESTERA ENTRE NOUS !
FIN

GARFIELD & Cie
ODIE GAROU
DÉSOLÉ, ODIE, JE N'AI PAS LE TEMPS DE JOUER AVEC TOI.
JE PRÉPARE MA SPÉCIALITÉ POUR L'ANNIVERSAIRE DE LIZ : DOUBLES MAXI-LASAGNES AUX TROIS FROMAGES !
ET JE NE VEUX PAS T'AVOIR DANS LES PATTES, ALORS TU VAS DEHORS.
TIENS ! UN BEL OS POUR TOI.
GNAP
BLAF
GRRRR

FILE-MOI TON OS !
GRRRRR
J'ESPÈRE POUR TOI QU'IL SERA MEILLEUR QUE CELUI D'HIER !
ET DEMAIN, JE VEUX QUE TU M'APPORTES DES BISCUITS.
SNIF SNIF !
DÉJÀ DE RETOUR !
MMMH ! C'EST PRÊT !
SNIF ?
SNIF ?

SI VOUS OBSERVEZ LES ÉTOILES CE SOIR, VOUS ASSISTEREZ À UN PHÉNOMÈNE RARE : UN ALIGNEMENT ASTRAL SANS PRÉCÉDENT.
MMMH !
L'ÉTOILE SIRIUS DU CHIEN SE TROUVERA DANS UNE POSITION UNIQUE PAR RAPPORT À LA LUNE.
PAS TOUCHE !
C'EST POUR LIZ ! SI TU Y TOUCHES, JE TE PRIVE DE NOURRITURE JUSQU'À SON PROCHAIN ANNIVERSAIRE.
GLUPS !
... ET CELA PEUT AFFECTER CERTAINS CHIENS SUR NOTRE PLANÈTE.
BONNE NUIT À TOUS !
JE DOIS RÉSISTER ! NE PAS TOUCHER AUX LASAGNES ! NE PAS TOUCHER AUX LASAGNES !

?
GRROOARRRR

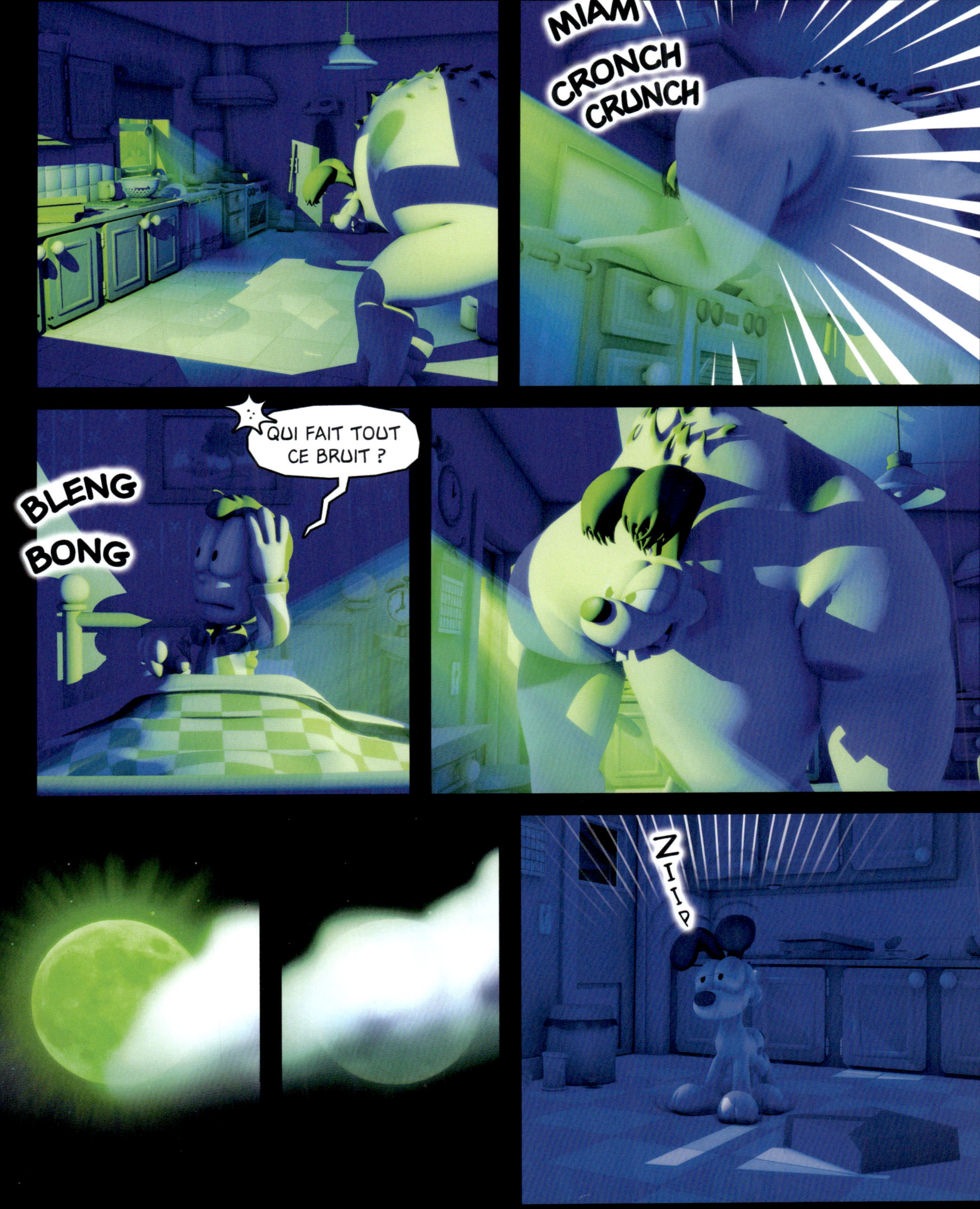
MIAM
CRONCH
CRUNCH
BLENG
BONG
QUI FAIT TOUT CE BRUIT ?
ZIIP

QU'EST-CE QUI SE PASSE ICI ?
OH NON !
MES DOUBLES MAXI-LASAGNES AUX TROIS FROMAGES !
ZZZZZZZ ZZZZZZZ
GARFIELD !
TU AS MANGÉ MES LASAGNES !
??
JE NE PLAISANTAIS PAS, TOUT À L'HEURE.
TU SERAS PUNI !
BONNE NUIT !
MAIS JE... JE N'AI...
JE N'Y AI PAS TOUCHÉ !

GRROOARR
GRRR
GROARR
BOUM
BLAM
BLAF
QU'EST-CE QUE C'EST ENCORE QUE TOUT CE RAFFUT ?

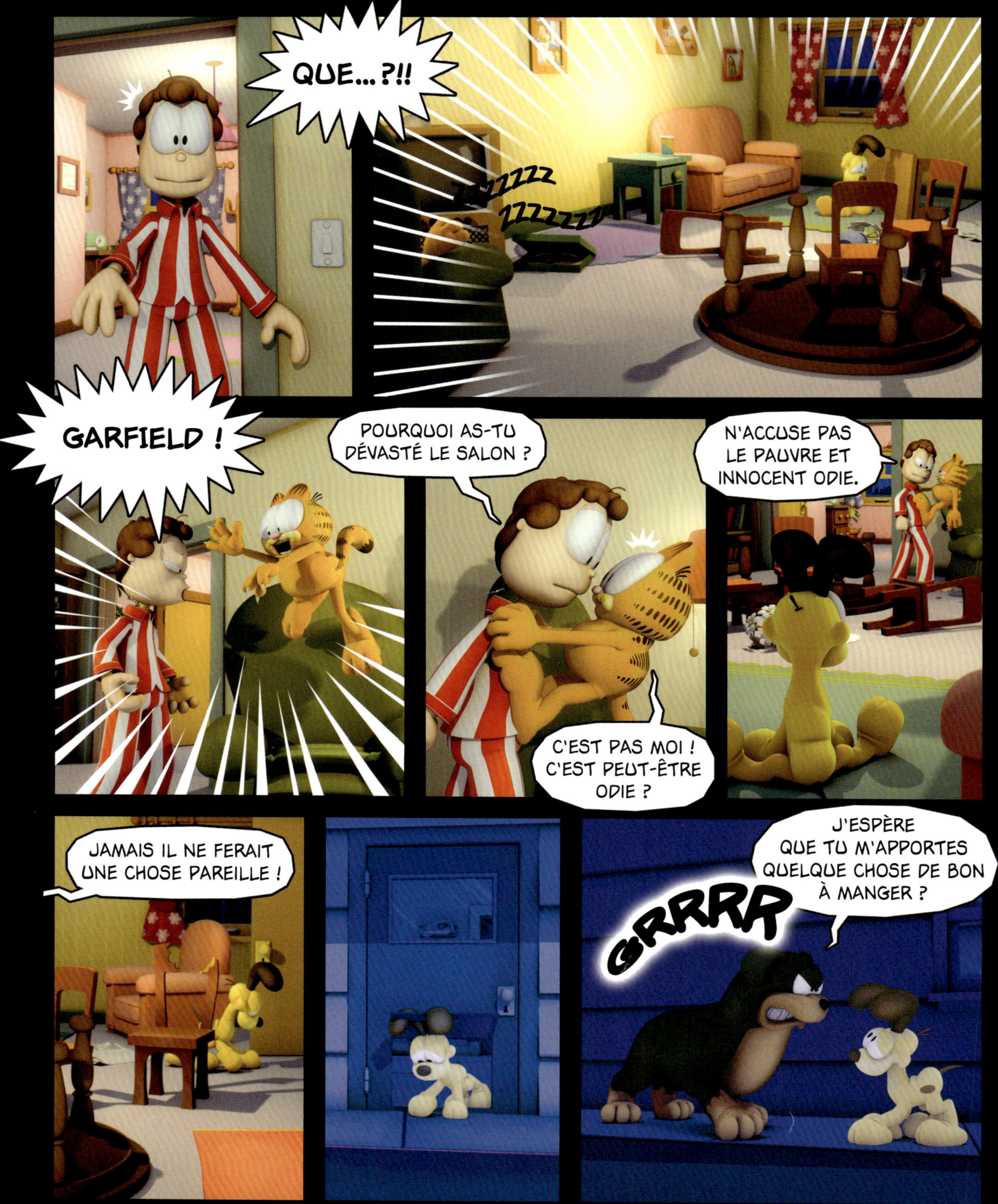
QUE... ?!!
ZZZZZZZ
ZZZZZZZ
GARFIELD !
POURQUOI AS-TU DÉVASTÉ LE SALON ?
C'EST PAS MOI ! C'EST PEUT-ÊTRE ODIE ?
N'ACCUSE PAS LE PAUVRE ET INNOCENT ODIE.
JAMAIS IL NE FERAIT UNE CHOSE PAREILLE !
J'ESPÈRE QUE TU M'APPORTES QUELQUE CHOSE DE BON À MANGER ?
GRRRR

PAS DE BISCUITS ?
GRRR ! JE VAIS TE...
GRROOOAAAAAARRRRRRR
JE PLAISANTAIS BIEN SÛR !
TU PEUX LES GARDER !
JE TE DONNE MÊME LES MIENS !
AAAAAAAAAAH
GROARRR
C'EST QUOI CE BRUIT ?
COMME JE LE DIS DEPUIS CE MATIN : L'ALIGNEMENT ASTRAL EXCEPTIONNEL...
... PEUT CHANGER UN CHIEN EN UN MONSTRE SAUVAGE.
C'EST PEUT-ÊTRE CE QUI EST ARRIVÉ À ODIE ?
ALLONS LE CHERCHER.
AH... TE VOILÀ !
TU N'AS PAS L'AIR TRÈS TERRIFIANT.

ON VA ALLER VOIR CE PROFESSEUR. COMME ÇA, ON EN AURA LE COEUR NET.
IL N'HABITE PAS TRÈS LOIN D'ICI.
??
??
EUH... ÇA VA ODIE ?
ZIP
VOILÀ, ON EST ARRIVÉS.

DÉSOLÉ DE VOUS DÉRANGER SI TARD, MAIS VOYEZ-VOUS...
VOUS VOULIEZ SAVOIR SI VOTRE CHIEN VA SE TRANSFORMER EN MONSTRE ?
RASSUREZ-VOUS, CELA NE SE PRODUIRA PAS.
L'ALIGNEMENT ASTRAL VIENT DE PRENDRE FIN...
... ET LAISSE SA PLACE À L'ALIGNEMENT DE LA LUNE AVEC MATOU DU CENTAURE,
ET CELA POURRAIT AVOIR DES EFFETS SUR LES CHATS.
LES CHATS ?
OUI MAIS SEULEMENT LES FÉLINS QUI CONSOMMENT DE VASTES QUANTITÉS DE PLATS ITALIENS.
AAAAAAH ! FUYONS, ODIE ! AAAAH !
MMH ! JE MANGERAIS BIEN UNE PIZZA GÉANTE MOI !
FIN

CHAPERON JAUNE

SNIF !
SNIF !
SNIF !
SNIF !
WIF !
??
GRRRRR
WOUF !
WAF
WAF !

??!
WAF WOUF WOUF !
??
ZZZZZZZ ZZZZZZZ ZZZZZZZ
??
OÙ EST LE BAVAROIS ?
GARFIELD !
TU AS MANGÉ TOUT LE GÂTEAU !!!
??
JE TE TROUVERAI UNE PUNITION ADÉQUATE QUAND NOUS SERONS RENTRÉS.
MAIS... JE N'Y AI PAS TOUCHÉ...

BIZARRE, LE PANIER EST ENCORE PLUS LOURD QU'À L'ALLER !
LIZ, JE TE DÉPOSE CHEZ TOI ?
JE VEUX BIEN, MERCI.
GRRRR
J'EN REVIENS PAS, GARFIELD !
MAIS JE N'AI RIEN FAIT !

COMMENT AS-TU PU FAIRE ÇA ?!
JE TE FAISAIS CONFIANCE !
MAIS JE SUIS INNOCENT !
WAF WIF WIF !
LE DÎNER EST SERVI !
UN BON PETIT PLAT POUR MOI...
UNE BONNE VIANDE POUR ODIE...
ET POUR TOI, UNE BOÎTE DE PÂTÉE.
C'EST PAS JUSTE !
ODIE ?
??
GRRRRR
UN LOUP !

AAAAAAAAAAAAAAAAAAAAAAAAAAAAAAAAAAAAAAAH
ON EST COINCÉS !
WIF WIF !
C'EST SA MAMAN ?
J'AI ORGANISÉ LEUR RETOUR DANS LES BOIS.
PAR AILLEURS... LE PETIT LOUP AVAIT DU GÂTEAU SUR SES BABINES.
ALORS C'EST LUI QUI... TU ES INNOCENT GARFIELD ! JE TE DOIS UN BON REPAS POUR ME FAIRE PARDONNER.
WAF WAF WAF !
AU MOINS DIX LASAGNES !
ALLEZ, QUATRE-VINGTS !
08-76
FIN